Für Mildrid

Stephan Stellnberger

Vollmondliebe

Gedichte und Arrangement: Stephan Stellnberger
Fotografien: stock.xchng*

*Mit Ausnahme: Fotografien für das Gedicht „Schelmerei als Jause oder Joggen als Heilung" und das Coverbild (Gemälde von Mildrid von Szczepanski-Spalden) von Stephan Stellnberger

Verlag: tredition GmbH, Hamburg

ISBN: 978-3-8495-7071-2

Printed in Germany

Bibliografische Information der Deutschen Nationalbibliothek:

Die Deutsche Nationalbibliothek verzeichnet diese Publikation in der Deutschen Nationalbibliografie; detaillierte bibliografische Daten sind im Internet über http://dnb.d-nb.de abrufbar.

Liebe Lyrikfreunde,

es ist wieder soweit. Gerne möchte ich Sie erneut auf die Reise mitnehmen in Momente, die unser Lebensgefühl zeigen. Der Gedichtband hat den Schwerpunkt Mensch&Natur; eine Kombination, die unweigerlich zum Glücklichsein führt, öffnet man sich den Freuden und Lehren, die daraus gezogen werden können. Gerade ein voller Mond, angetrunken von den Strahlen der Sonne, weiß zu bewegen und erzählen. So wie Sie ist jedes Leben eine unerschöpfliche Schatztruhe an Wissen, deren Schlüssel die Liebe ist.

Viel Spaß und eine tolle Zeit wünscht Ihnen

im November 2013

Ihr Stephan Stellnberger

(und auch in allen anderen Monaten)

5

Morgenlicht

Wie in einer Traumwelt
Im düst'ren Morgenlicht
Hast du mir erzählt
Ein Gedicht

Schaue in die Zukunft
Der Elfenschein verschleiert
Doch das Gesicht des Wirkens
Dir beteuert

Gehe vorwärts, blick voraus
Die Luft ist klar
Der Sonnenschein
Lädt ein

Das Wiesel

Das Wiesel flink durch's Gras
Springt nach rechts und nach links
Das war's!
Wendigkeit, die bringt's!

Danach

Der Regen fällt
Wie Musik
Ich auf dir
Entspannt
Sanft
Liebe

Es riecht nach dir
Nach dem Regen
Nach dem Leben
Es ist
Freiheit
Glücklichsein

Der Traum
Ist Wahrheit
Denn ich blühe
Ich lebe
Ich liebe
Dich

Der Storch

Eifrig stapft das stolze Tier
Durch Schilf und Moor
Von dort
Bis hier

Durch die Wellen seiner Reise
Wird gut im Schilf versteckt
Durch's Beben sanft und leise
Ein Blässhuhn aufgeweckt

Es sieht den Storchmann traben
Die Halme biegen sich
Zum Boden und zurück
Das Blässhuhn ist verzückt

Dann
Das Bild ist scharf
Gestochen scharf
Erreicht der Storch das Nest
Irgendwann

Das Blässhuhn hört ganz undeutlich

(Durch's Zirpen einer Grille

Das Bild ist gestochen scharf)

Wie der Storchmann spricht

Zum Weibchen freudig:

Die Zeit ist uneindeutig

Sie kommt in Wellen

Und doch steht sie

Wie ich

Bei dir

Dreißig Jahre später

Die Liebe ist wie der Wind
Wie ein Stamm im Strom
Wie ein lachendes Kind
Aber in jedem Fall wie du

Mein Herz, das Leben
Steht dir zu Füßen
Deine Seele ist frei
Du bist frei zu küssen

Du bist zu Hause
Bei dir bin es auch ich
Hebe mich in deine Sphären
Eine Junge sagt: Ich liebe dich

Dein Tanz ist eine Trance
Deine Lächeln Magie
Du bist die Chance
Zu lieben wie nie

Jetzt, dreißig Jahre später

Weiß ich, der Zauber niemals endet

Hand in Hand wir liegen

Im Paradies

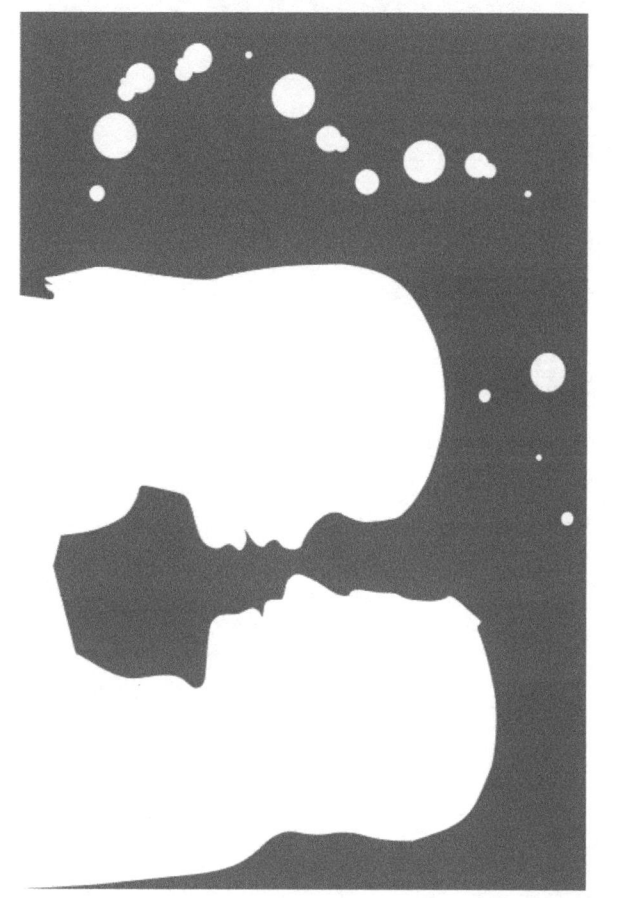

Du bist es

Wer ist es?
Es ist ich, sprach es
Und als es kam
Sah ich dich!

Geliebt

Rubinrot und tiefes Schwarz
Erfassen dich, du sanftes Bild
Der Horizont glüht gelb wie Bienenharz
Davor stolziert gemächlich Vogelwild

In Afrika, so wird erzählt
Schlägt das Herz das Blut der Zeiten
Zum Träger reicher Schätze einst gewählt
Erreicht uns deren Glut so sicher wie Gezeiten

Gold, Diamant und Öl verborgen
In der Erde Bauch versteckt
Einmal von Menschenhand gehoben
Wurd' der Tugend Heil gestreckt

Der Weise klar erkennt
Den Schatz, der Jahre währt
Ihn reinen Blickes fänd'
Falls er nur verehrt'

Die feine Seele schwarzen Goldes

Das erschaffend, schenkend zu uns gibt

Rhythmisches, Humoristisches und ewig Holdes

Im Tanz geboren und geliebt

Freiheit

Über Berge, Seen, Wälder
Der Adler ruhig fliegt
Er reißt Gämsen, Schafe, Hühner
Und doch er das ganze Leben liebt

Die Maus

Im Herzen eines Dattelhains

Fühlte sich unter ferner liefen

Ein Mäuschen, das sah wie fein

Ein Pascha aß Oliven

Der Pascha schmatzend labte

Das Mäuschen hungrig roch

Während es näher trabte

Zur création vom Spitzenkoch

Nun war es zu Paschas Füßen

Um diese sanft zu küssen

Nein! Natürlich nicht!

Das wär' eine andere Geschicht'

Es wollte rauf! Zum Mahl!

Wo neben Oliven

Der Käse

Kam zu liegen

Es roch die Oliven

Den Käse und den Wein

Zweiteres entspricht den Trieben

Am ehesten beim Mäusesein

Das Mäuschen kroch ganz sanft

Entlang des dicken Beines

Mit dem der Pascha stampft

Wenn etwas ist nicht seines

Zum Glück tat er es wieder

Das Mäuschen fiel zu Boden

Und im Klange ferner Lieder

Zogen Sterne auf

Es zogen wirklich Sterne auf

Und neben des Paschas Fußabdrücken

War spät in jener Nacht

Das Mäuschen wieder aufgewacht

Selbst ist die Maus!

Dacht' sie sich und wollt' ziehen

Und entdeckte just den Schmaus

Der im Grase dort geblieben

Schelmerei als Jause oder
Joggen als Heilung

Im tiefen Sonnenschein
Der Wärme stark erfreut
Lacht die Seele und verkünd':
Meine Liebe, die ist dein

Schnellen Schrittes gut voran
Laufen: Wiese, Weg und Wald!
Hoffentlich komm' ich niemals an!
Meine Kraft verjüngt im Schwall!

Feinste Töne, sanft im Ohr
Der Freiheit Hauch in tiefer Brust
Der Rhythmus treibt, es singt der Chor
Von Frieden, Leben, Lust

Getankt mit Umwelt und Natur
Dem Schweiße ausgesetzt
Erfrischt das klare Bächlein pur
An das ich mich gesetzt!

Und zu Hause

Gut gedehnt und frei

Erwartet mich als größte Jause

Die Beziehungsschelmerei!

Zu zweit in die Zeit

Aufgewacht in den Traum des Tages
Sprach er zu ihr: Ich liebe dich!
Weit weg vom Lager
Zog er sich an sie

Auf der grünen Wiese
Die Sonne den Horizont erklimmt
Sitzen beide wie ein Spiegel
Für diese

Tanz und Zweisamkeit der Nacht
Vorüber und doch präsent
Nicht mehr ganz erwacht
In die Zeit vorher

Der Abend naht
Das Feuer glimmt erneut
Nahm sie freudig, sacht
Beständig in die Zeit

Aus der Ferne Feste schallen

Es schaut sie an der Junge

Und ihre Freudentränen fallen

Wie der Regen auf eine Sommerblume

Vollmondliebe

Eine klare, weiße Scheibe
In frischer, kühler Nacht
Erwärmte Geist und Leibe
Hat dich zu mir gebracht

Stand bei Wald und Wiese
Auf dem Hügel unter mir
In Gedanken an die Liebe
Die ewig immer hier

Ich hört' im feuchten Gras
Die Schleiereule rufen
Ich lieb dich was
Rief ich

Die Sonne
Reflektiert im vollen Mond
Bereit für deine Wonne:
Deinen Mund

Ich sank ins Gras und küsste

Die Leere; dacht' an dich

An den Nektar deiner Brüste

An den Honig und die Milch

Wie konnt' ich leben

Angesichts des vollen, vollen Mondes

Fernab von deiner Schönheit

Die deiner Seele innewohnt

Ich spürte dich und lauschte

Deinen sanften Tönen

Von fern das Bächlein rauschte

Ein Gedicht im Klang des Schönen

Du warst es, meine Liebe

In deinem Arm geboren

Ein Leben voller Glück

Geworden und geblieben

Der Reiher

Ein Reiher fliegt überm Weiher
Ganz behutsam, sanft
Das feine Auge gleitet wie er
Über das Land

Leyla und Adam

Aus dem dunklen, grauen Hinterhof
Erhallen Worte dumpf und kahl
Was ist denn wieder los
Im Blockbau Hartmannthal?

Leise sind sie
Und doch da
Fast schon heimlich
Ich hör sie! Ja!

Ich schreite vorwärts
Will zur Wohnung
Doch die Angst treibt abwärts
Lacht zum Hohn und

Ich mal mir die Bilder
Fremder Leute aus:
Eine Horde armer Wilder
In uns'rem Heimathaus

Geräusche dringen

In mein Ohr

Welch' könnten nur gelingen

Einem Wildenchor

Doch dann schreit' ich doch zur Tat

Trete in den Hinterhof

Immer breiter wird der schmale Grat

Mein Gott, war ich doof:

Es küssen sich ganz herzlich

Der Adam und die Leyla

Im goldenen Abendrot so sacht

Drei Kulturen, eine Macht!

Darjeeling

Regenzeit und klare Luft
Feiner Tee am grünen Hang
Ein unverwechselbarer Duft
Dazu der Mönche Zauberklang

Das Schaf

Ein Schaf steht auf der Weide
Frisst blumig Gras
Und stolziert mit seinen Freunden
Bis der Abend bringt den Schlaf

Morgens dann, so um halb sechs
Blickt es an den Horizont
Der erste Morgenstrahl hat es geweckt
Leise und doch gekonnt

Das Gras ist saftig frisch
Benetzt mit Tau
Sucht Kräuter fein
Das Schaf ist schlau

Dann, so um halb drei
Hört es den Viehtransporter
Auf der Straße an der Weide
Neunzig Schweine mit dabei

Er ächzt und stöhnt unter

Der Last der Seelen

Schluckt heftig Sputum

Der Fahrer hustet, muss sich quälen

Leise ist es hinten

Wo Kopf an Kopf die Schweine kauern

Nebst Gestängen, Muttern, Splinten

Anstatt Stahl-Beton-Mauern

Diese Geschichte ist nicht schön

Drum erzählt das Schäflein seinen Kindern

Von dem Leben auf der Wiese

Und der Dankbarkeit für diese

Die Botschaft ist

Der Platz ist dein Platz
Du Mensch bist frei
In jedem Satz
Deiner Zeilen

Geh hinaus und lebe
Du hast es geschafft
Liebe! Treibe! Sehne
Dich nach dem Gral

Er liegt im Schlüssel
Deines Wirkens
Deines Seins
Gewesen und geboren

Im Aufbrechen, im Licht
Die Welt kommt auf dich
Zu, die Botschaft ist
Liebe

Der König

Du bist es, mein Sohn
Sprach der Vater und gab
Den Hof seinem Kind
Wie dem König den Stab

Die Triologie der Sinne

Nuance

Der Feenschleier halb entblößt
Und halb verdeckt
Das farbenfrohe, weise Wesen
Das unter ihm versteckt

Des Geistes Klebeband
Ist ihr Wirken Sinnes Streben
Viel und oft erkannt
Tausend Jahre leben

Wie in der Dunkelheit der Schein
Sie wirkt auf jene Weise
Bedarf es der Sinne rein
Zu rufen diese Weise

Der erleuchtet zudem gleich
Die nächste glühend Chance
Die entdeckt verstehen lässt
Die Nuance, den Schein

Das Wasser vor dem Wein

Das plätschert, kracht und schießt

In unbekanntes Sein

In der Feenreich daheim

Geist und Seele

Der Tropfen fällt
Wie das Glück auf mich
Er erzählt:
Ich liebe dich

Nach Sonnenschein kommt Regen
Nach langer Hitzezeit
Der Erde Segen
Fällt auf Stein und Leben

Sag mir, großer Geist
Wie kann ich dich fassen
Weit gereist
Im Grünen, im Wasser, im Stein

Du bist in mir
Ich bin das Leben
Ich bin
Hier

Freude

Hurra, geschafft, Freude!

Es geht weiter

Das schönste Gebäude

Ist die Freundschaft

Die Triologie der Sinne

Sinne

Zu Schaffen der Sinne rein

Bedarf es Mut und Tat

Und vor allem, wie könnt' es anders sein

Die Liebe für den richt'gen Rat

Zu Befreien uns'ren Körper

Von den Giften uns'rer Welt:

Metalle, Strahlen, Wörter

Gegessen, gefangen und erzählt

Alleinig durch die Liebe

Getrieben und gekürt

Zum Vertrauen in die Triebe

Der Weg zur Freiheit führt

Sie dich edel führt

Zum Arzt, zum Heiler, zu dir selbst

Zum Menschen, der dich berührt

Wie Gottes Sohn die Welt

Der in der schönen Frau Geleit

Zeigt

Das Tor

Zur Ewigkeit

Der Wind

In den Stadtwerken
In Halle 4
Kehrt ein unermüdlich tapfer Wesen
Vom Abendrot bis hin zur Früh

Den Staub und Schmutz
Der in hellem Schein gefallen
Der unter Tages wuchs
In den großen, weiten Hallen

Jetzt bläst der Wind aus Fern-Süd-West
Im herrlich leuchtend Abendschein
Um den stillen Werkspalast
Als wär' die Stimmung sein

Tief in der Nacht
Im Schweiße längst am Baden
Im Momente ganz bedacht
Erscheint ein heller Strahl am Boden

Zu sehn, wo die Quelle

Läuft das Wesen g'schwind

An des Werkes beste Stelle

Wo es den ganzen Himmel sieht

Dort oben leuchten Sterne

Erkennt es in frischer Luft

Und trotz der großen Ferne

Weht ein junger Rosenduft

Frisch und grad entstanden

Vom Gartenwerk herüber

Lässt sich so was Schönes fangen?

Behalten? Für Immer?

Überall blühen Rosen

Wenn man sie nur sieht

Sie Dich mit freudig Stolz begrüßen:

Sei gewiss, Du wirst geliebt!

Die Trilogie der Sinne

Im Zirpen einer Grille

Die Materie dem Geiste folgt
Wie der Donnerschlag dem Blitz
Oder des Alchemisten Gold
Freude, Humor, Witz

Jeder starke Wille
Formt, wie dem Elektron ein Positron
Im Zirpen einer Grille
Opposition

So dein Werk steht hinter Mauern
Der Garten Eden wohl verdeckt
Lässt den Willen jenseits kauern
Bis des Geistes Muse wird

Die Quelle aller Schöpfung
Wo Harmonie im Takte schwebt
Eine Liebe voller Freiheit
Mit Sicherheit entsteht

Drum behalte deinen Mut

Segne ihn mit Stärke

Die Seele glüht

Durch deine Werke

Und

In klaren Kretanächten

Entsteht in zauberhafter Stille

Der Traum von Sagenmächten

Im Zirpen einer Grille

Der Fisch im Wasserglas

Er dreht sich reichlich um sich selbst
Schwimmt hin und schwimmt her
Dem Zuschauer wunderbar gefällt's
Dem Fisch jedoch gar nicht so sehr

Auf dem einst ein Fischlein saß
Einen alten Meeresschwamm
Erkennt er durch das Glas
Doch eines Tages dann

Da denkt er sich mit Freude:
Wenigstens leben tu ich hier!
Und auf dass die Zeit ich nicht vergeude
Geb' ich das Fischlein halt zur Zier!

Sonnenwend

Große Flammen lodern
Vor der Sonne Feuerball
Lassen Alt und Jung erwärmen
Wie die Atmosphäre vor dem All

Der Jungen Tracht für diese
Der Mädchen Haar mit Kränzen
Auf der bunten, feuchten Wiese
Fröhlich tanzen Menschen

Das Gefühl der Unendlichkeit
In dessen Stöße fließt
Zu einem Puls der Zeit
Der Takt die Herzen wiegt

Wie frisch gepresster Saft
Energie in Form und Ausdruck
Der freien Herzen Kraft
Liebe heißt das Glück

In der Dämmerung ganz nah

Sitzt eine Eule im Gebüsch

Ruft ihre Freude Jahr für Jahr

Wie des Reigen ferner Kuss

Und gleich darunter

Im schatt'gen Dickicht

Fanden sich zwei Herzen

Sodass eine Zunge auf der and'ren liegt

Der Weg

Jeden Tag
Fast zur gleichen Stund'
Dreht die Katze, die ich mag
Obligatorisch ihre Rund'

Ihr Herz brennt für den Eindruck
Sie schnuppert, lauscht und schaut
Den die Sinne ihr bescheren:
Rollig' Kater oder schmackhaft Kraut

Sie geht den Weg gewiss
Zur Sicherheit für sich
Und ein bisschen vielleicht auch
Für mich

Etwas Stolz erfüllt mich
Denn gerne möcht' ich sein
So zielstrebig gemächlich
Wie die Katze hier im Reim

Mein ganzes Herz für eine Tat

Deren Taten viele sind

Während zwischen Ziel und Start

Der Liebe Hand gewinnt

Ob sie knurrt, schläft oder schnurrt

Den Weg zum Ziel gezählt

Obgleich es ist das Ziel

Das ihr von Anfang an gefällt

Das Baumwunder

Fein, fast fließend
Du erschaffst
Ein feines Netz aus Adern
Von der Wurzel übern Stamm zum Ast

Zum Blatt, wo jenes feine Auge
Dein Kraftwerk just erblickend
(Oder sei es nur im Haufen Laube)
Erkennt dein Werk erquickend

Du hast keine Pumpe
Bist nicht laut und auch nicht leise
Du schickst wie durch Zauberhand
Literweise auf die Reise

Aus der Tiefe
Aus der Dunkelheit der Erde Saft
Den frischen Quell
Der verleiht dem Wachstum Kraft

83

Und trägt mit dem Licht

Das dich erhellt

Bei zu deiner Schönheit

Die von dir erzählt

Vollmond

Goodbye, voller Mond
Es hat mich sehr gefreut
Noch ein letzter Kuss
In den Wind gestreut

Kehr nun heim
Zu Kind und Kegel
Zum Platze am Kamin
Du begleitest meine Wege

Blicke zu jenem Flusse
Wo herrlich Musik mich an dich erinnert
Wo wohl badet jene Muse
Die sich um alle Künstler kümmert

Dein Kleid, deine Haare, dein Lachen
Wie in jedem Sonnenstrahl
Eine unendlich reine Seele
Einundzwanzig an der Zahl

Die Weisheit jener Frau

Wird mir wohl bewusst

Dein Lächeln aus der Seele

Hat mich für immer wach geküsst

Sternennacht

In klirrend klarer Sternennacht
Behutsam, glühend, sacht
Entfacht ganz nah ein Wendefeuer
Die Menge jubelt, lacht

Du erzählst von deiner Zeit
Manchmal nah und manchmal fern
Wie dein stolzes Leben heut
Kann ich dich ganz sanft erspürn

Wir wandern in die Nacht
Und reisen doch zurück
So wie das Wendefeuer knackt
Und das kleine Dorf beleucht'

Ganz nah, da kräht der Rabe
Flüstert leise von dem Baum:
Deine Herzensgabe
Lässt dich nach vorne schaun

Wir wandern weit zusammen

Die Hände fest vereint

In der Wärme junger Flammen

Als ob der Feuer Kern geeint